DESDE EL OLVIDO

Manuel Sánchez Vázquez

COLECCIÓN ITES

DESDE EL OLVIDO

© Manuel Sánchez Vázquez
© Prólogo: Amelia Serraller Calvo
© Corrección: Míriam Villares
@ Cubierta: *El paso de la laguna Estigia*
  de Joachin Patinir
© de esta edición: Olé Libros, 2025

ISBN: 979-13-87951-07-8
Depósito legal: V-4464-2025
Impreso en España

KALOSINI, S. L.
Grupo editorial **olélibros**
equipo@olelibros.com
www.olelibros.com

DESDE EL OLVIDO

Leyendo los poemas de Manuel Sánchez, cargados de una juvenil nostalgia, he creído descubrir el esplendor en la hierba flotar en el mar de Dénia.

MANUEL VICENT

Agradecimientos

Deseo agradecer a mi amiga Amelia Serraller Calvo, con quien tengo el honor de compartir la tertulia de Rascamán, todo ese tiempo *robado* que ella dedicó a la lectura de mis poemas y a construir el fascinante prólogo que da cobijo y luz a mis versos.

También quiero agradecer a mi amigo Manuel Vicent, con quien tengo el placer de compartir historias y conversaciones en tantas y tantas mañanas de verano en Dénia, sus cariñosas palabras hacia mi humilde trabajo.

Prólogo

Querida lectora, querido lector:

Has dado con un libro especial, con un fulgurante ópalo de intensos brillos. No son muchos los poemarios cuidadosamente tallados por el tiempo y su autor, síntesis de toda una vida tras los teclados.

Tampoco abundan los escritores como Manuel Sánchez Vázquez, que dicen escribir *Desde el olvido* después de una interesante trayectoria poética que se remonta a 1996 (*Tal vez será el rumor,* de varios autores) y que incluye el primer premio en 2001 del Certamen Poético de Parla y alcanza su punto culminante con *Clamor en el crepúsculo* (2017).

Es *Clamor en el crepúsculo* (2017) un punto de inflexión en la obra de Manuel Sánchez, ya que inspiró el premiado documental de Miguel Ángel Santacruz *A solas con el mar.* El film podría ser perfectamente una actualización del célebre *ut pictura poesis,* que acuñó Horacio, ya que marida los versos de Manuel con imágenes únicas de la costa de Dénia.

En este quehacer poético del autor hay un lapso hasta llegar a la actualidad. Y es que, entre medias, Sánchez Vázquez ha dejado en el barbecho su lírica para dedicarse a la novela (*Entre Denia y Alejandría,* 2018; *Ninguno de los suyos,* 2023) y el relato corto, *Sobre la muerte y otros asuntos,* finalista del Premio Euphoria en 2023. De hecho, es la narrativa la vertiente de su obra que presenta con más frecuencia en la tertulia literaria Rascamán, a la que es asiduo.

Poco a poco, de forma natural, van surgiendo algunas de las claves de la obra de Manuel: la evocación (el amor por Dénia y la mar), el lirismo (incluso su narrativa está imbuida de lo que denominamos prosa poética) y su preocupación por la muerte, ese gran tabú en la era del turbocapitalismo. La parca en sus diferentes dimensiones (fugacidad y sinsentido de la vida, vejez, indiferencia, soledad, olvido).

De hecho, *Desde el olvido* es un poemario extenso (si no me falla el cálculo, 43 poemas nada escuetos) que apuesta por una lírica atemporal, de corte clásico. Clásico en el sentido de la Antigüedad grecolatina, de forma que el libro no es en absoluto esclavo de las modas culturales. Todo lo contrario, Sánchez tiene vocación de estilo y busca su propia voz, sin por ello renunciar a la influencia de la más excelsa tradición humanista.

Como su poesía es de corte filosófico (con temas como el paso del tiempo, la caducidad de la existencia humana), casa estupendamente con la estética clasicista, con poemas de línea clara, sentenciosos y con una cuidada selección léxica. Y es que «no hay ética sin estética», como escribió el profesor José María Valverde al renunciar a su cátedra en solidaridad con Aranguren.

En cuanto al estilo o la voz poética que distingue al autor de *Clamor en el crepúsculo,* se trata de una rotunda claridad, «cortesía del intelectual», que diría el gran filósofo español Ortega y Gasset. Con aparente sencillez, pero una cuidada selección léxica, Sánchez refleja el amplio espectro de sutilezas, contradicciones y ambigüedades del sentir humano, del mundo actual y de la vida.

Una voz la de Sánchez que emula a Horacio o a otros dos clásicos contemporáneos, como el añorado poeta polaco Zbigniew Herbert y el mexicano Luis Arturo Guichard.

Volviendo al autor de este poemario, su lírica incita a la reflexión y si bien tiene cadencia, generalmente está en verso libre, con lo que se ha liberado del corsé que resulta a veces la rima. En no pocos momentos cultiva la poesía visual, como en el impactante poema «Placer y espanto», construido a partir de bimembraciones.

Demuestra además un gran manejo de los adjetivos, con un léxico elegante (a ratos íntimo, a ratos solemne), pero nunca pomposo.

Se da la paradoja de que *Desde el olvido* es un poemario vitalista y escéptico, donde el *tempus fugit* es el gran tema. Con preguntas retóricas («Preguntas lanzadas al viento») y una especie de estoicismo de aliento clásico, como en el poema «Todo se nos escapa». Va desde ese *tempus fugit* al *carpe diem*, que confluyen en el poema «Es tan corta la dicha».

Asimismo, llama la atención el contundente escepticismo de «Nadie te espera», que habla del *spleen* y el sinsentido de la vida.

Es esta una poesía que se construye a través de anáforas, paralelismos y bimembraciones. La paleta de tonos o estados de ánimo es también amplia, con la rebeldía tan propia del Romanticismo de quien escribe «porque mi corazón arde» o, como dice en otro poema, por «insatisfacción» y desengaño.

Ese indomable poeta demuestra sus inquietudes sociales en «Hay otros paisajes al anochecer», en las antípodas del eremita de «Busco un lugar», que quiere alejarse «lejos del mundanal ruido», que diría Hardy.

Por su parte, Manuel Sánchez tan pronto le canta al primer amor y a la juventud («Dieciséis años», «El otro») como a la poesía («Sometidos») o, incluso, a la condición humana y sus límites («El triste dios del olvido» y «Portador de sombras»).

Como en Esopo o en Calderón, son importantes la alegoría («La actuación», «La gran final», «Rumbo al naufragio»), los sustantivos abstractos, los epítetos y la hipérbole, pero también la distancia y un descreimiento estoico sobre la humanidad, que es el denominador común de los últimos poemas («Hacia el abismo», «Qué gran desengaño el hombre», «La vulgaridad y el prodigio de un mamífero»). En este sentido, Vázquez es deudor de Séneca, con momentos más epicúreos como la sensualidad y el panteísmo que refleja en «El tiempo».

Aparte del dominio de la adjetivación y de las preguntas retóricas, Sánchez se sirve de las repeticiones, los contrastes y las antítesis como recurso expresivo, presente en poemas como «El deseo» («morbosamente puro»), «Tan solo una certeza», «Rumbos vagos».

En definitiva, el verso de Manuel Sánchez fluye con tanta libertad que inunda y abarca todas las esferas de la vida. Escribir *Desde el olvido* resulta, paradójicamente, una forma de estar presente y rescatar placeres impropios de nuestro tiempo, como son la reflexión, la pausa y la armonía.

Amelia Serraller Calvo

Introducción

Estos poemas que os disponéis a leer llevaban muchos años olvidados en el fondo de un cajón, y de ahí el título. Son versos de una prematura madurez que pugna por imponerse y de una melancólica juventud que se resiste a perecer. En este poemario, la lírica y la rebeldía no solo buscan el equilibrio, sino que se dan la mano y emprenden el vuelo sobre una tierra humillada por los mismos mortales que la habitan y bajo un cielo tan impenetrable como evocador, y del que ya los dioses hace tiempo que huyeron. La ilusión y el desengaño se alternan aquí como dos polos opuestos, que se necesitan y se buscan, como la vida y la muerte.

Mucho antes de que los dioses se alejaran, ya Prometeo les arrebató el fuego sagrado y las pavesas de tan deslumbrantes llamas fueron esparcidas por toda la tierra. Hoy, somos muchos los poetas que rebuscamos entre sus amados rescoldos.

En algunos poemas advertiréis una sensación de huida; el desencanto con un mundo hostil produce a veces en mí esa reacción. En otros, sin embargo, víctima de la trampa con que los sugestivos cielos nos seducen e indulgente con aquellas pasiones que zarandean nuestro frágil corazón, veréis que os invito a levantar la copa y brindar por ello. En realidad, debo confesar que el primer engañado fui yo; de no haber sido así, jamás se me habría ocurrido coquetear con la poesía, mejor hubiera buscado otras compañías. Los ardides que nos tienden para enaltecer nuestra existencia son muchos, aunque, si os deleita caer en tan dulces engaños, no seré yo quien pretenda privaros de tales gozos.

Desde el fondo del cajón donde estos versos estaban encerrados, decidí liberarlos y echarlos al viento, sabiendo que la mayoría de ellos fenecerán antes de llegar a vuestras manos, pero, si alguno logra sobrevivir y os roza el corazón, sabré que mereció la pena rescatarlos.

MANUEL SÁNCHEZ VÁZQUEZ

¿Sabes esa sensación cuando crees haber hecho un poemario que es una bomba de relojería y luego lees otro poemario que la desactiva? Eso me pasó cuando leí *Desde el olvido*.

Manuel Sánchez sorprende con unos versos solemnes y construidos desde diferentes ámbitos. Todo un manual de poesía.

CARLOS J. CASTRO

Primavera, ¡oh, nacida de mil vientos!
te llegas, como alguna memoria de un ensueño
que se ha tornado triste, pues fue dulce algún día…;

PERCY BYSSHE SHELLEY

HE LLEGADO TARDE

He llegado tarde,
a una hora intempestiva.
Vengo del olvido, sé que nadie me espera.
Disculpadme.

Ante mí,
ante ellos,
ante todo.
Siempre he llegado tarde.

En el descolorido calendario,
manchado de monotonía y desperdicios de tiempo,
hallé al fin la lírica que redime y el abrazo que transporta.
Sé que no son momentos ni tiempos de versos. Disculpadme.

He llegado tarde, pero aquí me tenéis,
dispuesto a compartir con vosotros las horas que faltan,
las sonrisas que todavía queden y
los besos que aún os sobren.

¿Para quién?

¿Para quién, el canto de los pájaros?
¿Para quién, el perfume de las flores?
¿Para quién, la fragancia de los bosques?

La armonía de las palabras con los actos.
La fidelidad a los ideales solidarios.
La lealtad al más elevado sentimiento.

¿Para quién, el dulce arrullo de las olas?
¿Para quién, la conmovedora soledad de la bahía?
¿Para quién, la plateada caricia de la luna?

La delicadeza,
la filosofía,
los versos…
    ¿para quién?

Llenemos la vida

Es difícil a veces escoger el camino
que creemos acertado, y titubeamos.
Y esperamos el empujón de un amigo
o la caricia de esa deseada mano
que intentará borrar los otros senderos.

Los años avanzan,
el amigo no llega,
los besos son indecisos y los anhelos
no espumean ni se desbordan de la copa.
Y seguimos medrosos en el umbral.

No, no es justo continuar así.
Abre la primera puerta que te encuentres,
pues la vida hay que llenarla,
aunque sea con algún desengaño.
Y no busques culpables...

No, no tenías camino alguno trazado.
Arrójate sobre ella y,
aunque a veces te amargue su sabor,
¡goza con sus placenteros engaños!
¡Qué esperas, vamos!

El plan

Cada elemento
cumple fiel su cometido: su papel.

La tibia brisa de mayo,
que en las ramas de los pinos
se columpia,
nos sume en poéticos sentimientos.

Las colinas, los valles, las montañas,
la Tierra toda ella,
al igual que un alegre carrusel
meciéndonos por el impenetrable universo,
                                    gira, gira, gira…

El fuego,
desde sus inconcebibles distancias,
alumbra
hasta nuestras más humildes quimeras.

Cada elemento
cumple fiel su cometido: su papel.

Los creyentes ya están vencidos para la causa.
Cualquier migaja en algún libro sagrado
insufla en su cándido intelecto
sugestivas visiones y prometidos paraísos.

A los científicos, ateos y marxistas,
les han preparado *pruebas*
y, además, en exceso, para, muy convencidos,
despreciar todo origen sobrenatural.

De nuevo la brisa acaricia mis mejillas
y se enreda entre mis cabellos;
la cálida estación se aproxima
y, rauda, la sangre sueña y desea.

Cada elemento
cumple fiel su cometido: su papel.
Y el plan...,
                por el momento, funciona.

VAGOS PRESENTIMIENTOS

Desde las ignoradas geografías
y desconocidas tierras
que habitan las sombras
de nuestros más hondos silencios...

... Desde esos reinos ocultos
de los que fuimos desterrados,
surgen voces, desfallecidos mensajes
que llegan hasta las orillas
de este mundo visible y conquistado.

Asombrados, sentimos en nuestra alma
su exhausto aliento y el débil eco
de sus confusas y moribundas palabras.
Y es en esos momentos,
en esos escasos instantes que en la vida se dan,
cuando percibimos,
cuando con certeza comprendemos
que la mujer y el hombre son algo más.
Algo mucho más grande
que nuestra humana e inexplicable tragedia.

Pero, al fin y al cabo,
esto solo son sensaciones,
vagos presentimientos
que a veces nos asaltan
mientras escuchamos una música,
contemplamos las nubes de la tarde
y vemos cómo una bandada de aves
surca el infinito azul.

CON LUIS CERNUDA

Una entrañable y vaga brisa
ha estremecido mi alma con tu recuerdo.
¡Ven, Luis, ven aquí esta noche con nosotros!
Estaremos juntos hasta el alba
y compartiremos bebida y alimentos.
Y con tus hondísimos versos
pasearemos por esas ignotas regiones
que hombres y mujeres anhelan,
por esos vastos jardines
de donde brotan todos los sueños,
hasta que una dichosa aurora
nos acoja en su seno rosado.
Más tarde, nos bañaremos todos juntos,
como tú deseabas,
en las aguas de una playa caliente.
¡Y, aún allí,
seguiremos
                soñando,
                        imaginando,
                                deseando!

Tú, Luis Cernuda,
poeta del sur,
que viste el mundo sin límites,
tal como lo ansiabas.
Sé que te faltó vida
para confesarnos todos tus deseos.
Tus compañeros, los amigos que conocías
y los que no llegaste a conocer,
esos que tú creías imposibles,
¡aquí estamos, celebrando tu jubiloso regreso!

Luis Cernuda, amigo, querido,
quiero que sepas
que jamás serás para nosotros
un habitante del olvido.

[Septiembre 2002, en el centenario de su nacimiento]

Cuando el tiempo pase

Cuando el tiempo pase...,
¿qué universo guardará nuestra existencia?
El fragante y misterioso jardín
de nuestra adolescencia.
Tus silencios, los míos.
El brillo del iris de tus ojos
derramándose sobre mí
y que aún alcanzo a ver
entre la penumbra del ocaso.
Tu voz,
cuyo rumor llega a mis oídos
envuelta con la espuma de las olas.
Aquellas promesas que nos hicimos
o esas otras que callamos,
las que ahora contemplo
en los caprichosos arabescos del aire.

Cuando el tiempo pase...,
dime, amor,
¿dónde, dónde hallaremos los calendarios
con aquellos días, señalados para nosotros
en el discurrir del alud de los años?
Los hijos que tuvimos...
¿en qué paisaje podremos verlos de nuevo?
¿Qué astro albergará toda esa dicha?,
me pregunto bajo las sombras
de este desfalleciente atardecer,
pasadas ya las bulliciosas horas del día.

Solo,
frente al mar de Dénia,
bajo este crepúsculo otoñal y transparente,
con las primeras tinieblas de la noche
se desvanecen las eternas preguntas
y se disuelve con ellas la nostalgia que me abruma.
Todas mis evocaciones y ensueños
naufragan y expiran en el morir del día,
como exhaustas olas a mis pies.

Pero, tercas como viejas obsesiones,
las preguntas tornan a asediarme.

Dime, amor,
cuando el tiempo pase…,
¿en qué puerto arribaré mañana?

TODO SE NOS ESCAPA

Cuando de nada sirve el amor.
Cuando hacer un poema
es malgastar nuestro tiempo...

Cuando toda inversión sentimental
que a raudales hemos prodigado
se torna infructuosa...

Cuando por un ideal
nos arrojamos sin pensarlo al vacío
y hasta nuestra alma entregamos...

Cuando, entre espasmos, contemplamos
la más aciaga de todas las verdades:
¡que todo esfuerzo es inútil!

Cuando todo esto sucede,
nuestra escritura se convierte en una huida.
Huyen las palabras, los versos, la vida...

Huye el poeta,
el amante,
el hombre.

Todo se nos escapa
en una sorda y ciega estampida.
Y nos quedamos solos.
¡Desolados y heróicamente solos!

DELIRIO

Tu vestido,
derramado en el suelo.
Mi piel,
encendida.

En el lecho,
la aurora boreal
y, en tus labios,
titilan indecisas las estrellas.

La azulada bóveda del firmamento
que se dibujaba en tu boca
me abrasó con su celeste fuego
en aquella noche sin fin, en aquel delirio sin tregua.

Ahora, en la distancia irrevocable del tiempo,
mientras vago sonámbulo por extraños paisajes,
como ardiente llama en mitad del olvido,
tu sueño inflama mi memoria.

No evoques más

Deja ya de lamentarte
por los años idos,
pues tantos senderos te abrieron
como surcos tiene hoy tu rostro.

No evoques más aquel tiempo perdido,
de tibias mañanas de agosto
y promesas que muy pronto fenecieron
y dejaron tu corazón malherido.

No escarbes más en aquellas tardes
entonces colmadas de dulzura,
nada de ellas aguardes,
pues ya para siempre expiraron.

De aquel lugar donde dos seres se amaron
aléjate, huye con toda premura.
Para qué mirar atrás; contempla ahora el horizonte,
ya ves que a tu corazón volvió la cordura.

Apura hoy la copa hasta el final
y a nuevos cielos a volar predisponte.
Del ahora, abraza su instante crucial
y arde en la hoguera de una nueva locura.

No me preguntes por qué

El invierno, a veces,
se presenta de repente en el corazón.
Hace mucho frío.
Pero hay que seguir caminando.
Y no me preguntes por qué,
                    pues no lo sé.

La angustia y la soledad
aparecen de nuevo ante nosotros.
Tengo miedo.
Pero hay que seguir caminando.
Y no me preguntes por qué,
                    pues no lo sé.

La ternura de aquellos ojos
ya hoy no podemos contemplar.
Es doloroso, y mucho.
Pero hay que seguir caminando.
Y no me preguntes por qué,
                    pues no lo sé.

Dentellada a dentellada,
la nostalgia va devorando nuestra alma.
La tristeza es ya infinita.
Pero hay que seguir caminando.
Y no me preguntes por qué,
                    pues no lo sé.

NADIE TE ESPERA

Allí,
donde sin querer
se encaminan tus pasos,
nadie te espera.

Por muy importante que tu nombre haya sido
y grande fuera tu posición,
fama o vanidad,
cuando llegues a aquella desértica estación,
nadie te recibirá.

No habrá banda de música,
ni flores
ni llamativa y roja alfombra.

Tampoco habrá vítores,
ni homenajes,
ni parientes,
ni amores,
ni amigos;
no habrá nada.

Confuso, desorientado,
intentarás recordar;
una casa, una voz, un rostro…
De forma apresurada
querrás sacar de tu cartera
la fotografía que siempre ahí conservabas,
de aquella persona que más te amaba;
pero no podrás.

Angustiado, temeroso,
mirarás en torno tuyo
y verás el misterioso y dramático silencio
que te rodea.
Pensarás que es una pesadilla
y querrás despertar,
pero no podrás.
Abatido, desesperado,
pensarás en la muerte
y la desearás,
pero también eso será imposible,
pues ya lo habías hecho
hace unos instantes.

Un largo beso
de fuego y olvido
raptó tu corazón
y en aquel lugar,
hacia el que ahora te transporta,
nadie te recibirá.

No habrá banda de música,
ni flores
ni llamativa y roja alfombra.

Tan solo el susurro de un ciprés
acariciará tu alma yerta
en la postrera y silenciosa morada.

PLACER Y ESPANTO

Aprovéchate
        de las horas más deleitosas
y, bajo el suave eco
        de su dulce armonía,
tómalas del brazo
        y baila con ellas.

Pues te recuerdo
        que solo estamos habitados
por el placer y el espanto;
        entremedias nada hay,
tan solo un absurdo vagar.

Usurpa a la vida
        los más gratos placeres
y ninguno escatimes,
        pues solo te arrepentirás
de aquello que en su día
        no quisiste gozar.

Pues, cuando el espanto
        derribe tu puerta,
ninguna de sus fuerzas ahorrará.
        Como un lobo hambriento,
hasta con tu alma
        se ensañará.

Placer
        y espanto,
espanto
        y placer,
incesante asombro
        que congela o incendia nuestro espíritu.

Nada más hay
        bajo sus imponentes cumbres,
sino tan solo
        unas insignificantes flores,
que a veces, apáticos, recogemos
        en un absurdo vagar.

SONREIRÉ

Ya llega el día;
otro día más.

Y, como siempre,
la esperanza, esa gran amiga de la mañana,
alentará las mismas obsesiones;
los insatisfechos deseos
y cotidianas quimeras que,
día tras día,
arden tercas
en las profundidades de mi alma.

Sonreiré,
aparentaré ser feliz.

Otro día más.
Las viejas pesadillas me toman del brazo
y caminan junto a mí.
Inquietudes, ansias, afanes;
los más grandes proyectos,
las pasiones más ocultas
o los más puros sentimientos
han formado un extraño jardín en mi pecho,
que, día a día,
el silencio se encarga de regar.

Otro día más,
y las misteriosas flores
que mis desmesurados sueños engendraron
ahí siguen, inmóviles,
en su sombrío jardín,
esperando con vana ilusión
que algún tímido rayo de luz
se pose tierno sobre ellas.
Sé que eso nunca sucederá
y yo, piadosamente, callaré.

Y, mezclado entre las gentes, sonreiré, sonreiré,
que parezca que soy feliz.

DOLOROSA PREGUNTA

No viví
        tanto como soñé;
sueños inmensos,
        salvajes, infinitos...
y una vida estrecha,
        domesticada, efímera...

No viví
        tanto como en mis versos;
versos hondos,
        apasionados, delirantes...
y una vida superficial, indiferente,
        terriblemente civilizada...

Quizá fui muy comedido
        cuando la vida,
orgullosa y palpitante,
        se posó desafiante en mis manos
y, con una leve caricia...,
        la dejé marchar.

Poco, muy poco viví,
        y me duele...
Pero más grande es mi dolor
        cuando me pregunto «¿Por qué?
¿Por qué no habré amado tanto
        como en mis versos y sueños amé?».

Anodino vagar

Qué estrecho hoy el mundo.
Qué insignificante la vida.
Qué inútil este vagar.

La rutina de los días,
el hastío de las horas,
esta irrelevancia de los instantes.
Este caminar
para no ir a parte alguna.
Seguir y seguir este asfixiante viaje,
sin rumbo, sin destino,
sin tan siquiera sentir ya temor o entusiasmo
por un próximo o lejano final,
tan intrascendente como la existencia
que vamos dejando atrás,
carente de sentido alguno
y vacía de cualquier significado.

Yo,
que quise abrazar todos los mundos,
alcanzar todos los horizontes
y atracar en tantos labios…

Yo,
que soñé con tantas aventuras,
con el viaje a Ítaca,
con amores inmortales.

Yo,
con mi ansia infinita de eternidad,
que solo en el agua pura de la fuente
Castalia mi sed pude colmar.

Ese mismo Yo,
ese que hoy deambula con pasos indolentes
por entre las calles de esta ciudad,
en la que día a día envejezco,
y a quien el sol ya no logra redimir
ni la luna seducir.
Este mismo Yo
que hoy aborrece cualquier tipo de compasión
y que solo agradece ya la sinceridad
del esqueleto y el polvo.

Una luna de estío

¡Oh, tú, primera estrella de la noche!
Dime, ¿cuántos corazones
han latido acompasados
mientras con fervor te contemplaron?

¡Cálida luna de junio!
Dime, ¿cuántas manos temblorosas
han acariciado otro cuerpo estremecido
bajo el fulgor de tu luz inocente?

¡Oh, primer pálpito adolescente!
Dime, ¿cuántos recordarán
tu virginal y eterna dicha?

¡Dulce noche de estío, de infinitas y azuladas horas!
Dime, ¿cuántos?, ¿cuántos se amaron
sobre tu suave y fragante lecho?

MI POR QUÉ

No escribo para satisfacer a nadie;
ni a los intelectuales,
ni a los románticos
ni a los rebeldes,
aunque simpatice con los rebeldes
y ame a los románticos.

Solo escribo
porque mi corazón arde.

El fuego de tenaces deseos,
mi ansia anhelante
de espacios celestes
y mi eterna sed de infinitos
como ménades furiosas
zarandean mi frágil espíritu.

Solo escribo
porque quiero caminar
por los serenos reinos de la música;
navegar por océanos henchidos de armonía
y conquistar los remotos paraísos
que mi alma más allá vislumbra.

No busco el beneplácito de Apolo,
ni vuestra comprensión tan siquiera
ni el cálido aplauso de futuros lectores,
pero, ¡oh!, si tan solo hubiera uno,
uno, que, al leerme, sonriera;
a ese yo lo adoraría.

Sí, por él,
yo eternamente escribiría.

HAY OTROS PAISAJES AL ANOCHECER

Los rayos dorados de un tierno sol
que lentamente desciende por el horizonte
sobre un mar de diamantes
tiñen de un fulgor amarillo
las casas, la arena,
los jardines y las palmeras,
y hasta nuestros semblantes transforma
y parecen espléndidos,
ungidos por la serena calma del crepúsculo
y con un mágico color de divinidad.

Pero, por muy bello que sea este atardecer
y mucho que sea el sosiego que en mi alma provoca,
hay otros paisajes al anochecer
que no puede silenciar mi boca.

Entre la niebla y los suburbios
de inhóspitas ciudades,
millones de seres humanos
vagan tristes y errantes
bajo una impasible luna
de la que ya huyeron todos sus sueños.
Con su mirada turbia y desesperada,
buscan entre las sombras algún rincón
donde poder alojar sus huesos y andrajos
y ocultar, aunque sea por unas horas, su dolor.

Es el paisaje de la pobreza, que,
en la oscuridad de la noche,
escupe, blasfema y maldice
contra una despiadada humanidad.

Pero mis ojos vuelven otra vez
a contemplar el dulce sol
y cómo sus oblicuos y cálidos rayos
se funden con el mar, y en tanta belleza
mi verso está a punto de naufragar,
pues en sus mansas y serenas aguas
ya sucumbieron muchos frágiles
y cándidos espíritus,
deslumbrados por las seductoras trampas
que ella, la belleza, sin pudor les ofrecía.

Pero también había otros paisajes al anochecer,
donde no existen ni la ternura ni las flores,
sino tan solo secos y doloridos corazones
habitados por la angustia y el espanto,
y que tal vez ellos no pudieron ver.

Y allí, en esas áridas y desoladas regiones,
morirá o germinará mi canto
bajo un día azul
y una suave noche,
sin frío y sin llanto.

Dieciséis años

De repente,
a los dieciséis años despiertas...
Conmovido,
contemplas todo lo que arde
y gira sin cesar a tu alrededor.
Ves el tierno céfiro,
que acaricia suave las ramas de los pinos,
y sientes cómo se embriaga tu pecho
con el voluptuoso perfume
de ese apacible bosquecillo.

En aquella pista de baile,
suspendida, como flotando
entre los senos de aquel mágico valle,
todo de súbito se ilumina
y, entre tus manos, ¡oh, cándido adolescente!,
te encuentras con aquel dulce rostro;
una frente inmaculada...,
unos ojos que se estremecen...,
unos labios que palpitan...,
una caricia que tiembla...
y, al fin, ¡oh, gentil muchacho!,
un beso que cae transparente
como una gota de rocío
sobre el inocente verdor...
y se evapora lento
entre dos almas que suspiran...

Dieciséis años,
una tarde de agosto
y un corazón por estrenar.

Dieciséis años,
el aire lleno de canciones
y aquella tibia mejilla.

Dieciséis años,
todo el azul del firmamento en tus brazos
y una tarde... una tarde que nunca podrás olvidar.

Sometidos

Cómo nos sorprende a veces, en las mañanas,
con sus caricias luminosas,
el tibio sol, que, a través de las ventanas,
vierte sobre nuestro pecho ilusiones piadosas.

Cómo juegan con nosotros los caprichosos días
y las volubles estaciones,
sobrecogiéndonos con ocres melancolías
o sonriéndonos con dulcísimas sensaciones.

Desde su refugio inescrutable,
el azar, el amor y las pasiones,
como un viento indomable,
azotan nuestra alma con despiadadas emociones.

Muy en el fondo de nosotros mismos,
envueltos en una celeste bruma,
brotan los deseos desde azules abismos
y reverdece la vida con su caricia de espuma.

Ante nosotros arden mundos desconocidos
que no logramos vislumbrar,
pero sí sentimos sus llamas, que nos dejan malheridos
cuando intentamos en vano los sueños abrazar.

Porque nuestros ojos, aunque las estrellas alcancen a ver,
no podrán jamás descubrir
todos los misterios que nos afligen al anochecer
mientras contemplamos la luna y su enigmático discurrir.

Tan solo divisamos la sonrisa de lo eterno,
que nos mira con desprecio y prepotencia
desde las profundidades de su averno,
humillando nuestra alma humana y pobre inteligencia.

Pues algo que no tiene nombre, ni voz ni forma
anima nuestra fugaz existencia
y la vida en turbulento sueño transforma,
donde cualquier ilusión es tan solo polvo...

... polvo de ausencia.

No me cabe ya más dicha

¡Oh, qué torpe fui!
Cuando ya desde aquel tiempo
en el que, riendo, corría tras una pelota,
tú me mostrabas tu sereno rostro
y yo, imperdonablemente,
te dejaba ir.

O cuando, a veces, y sin saber por qué,
soñando, miraba las nubes
y los suaves reflejos
de tu dulce presencia,
durante un breve y mágico instante,
resplandecían en mis ojos de niño.

Cómo no supe abrazarte tampoco
cuando te vi por los cálidos campos
en aquellas leves horas cuando tú,
suspendida en la amable brisa del verano,
sorprendías gratamente
la inocente mirada de mis días adolescentes.

Qué bello hubiera sido
compartir contigo aquellas joviales estaciones
cuando las emociones, siempre nuevas,
como dulces olas acariciaban todo mi ser.
Sí, habría sido hermoso
sentir entonces los suaves ecos del Parnaso
y vagar acompañado de las musas
por frondosos bosques y serenos mares.

Pero aquel tiempo ya pasó
y, quizá, sin yo saberlo,
tú ya con tu áureo dedo me señalaste
y comenzaste a engendrar mi alma
con deseos y sueños infinitos.
Qué lástima ignorar entonces aquella dicha,
la de sentirme por ti llamado.

Gracias, divina criatura,
por haber llegado hasta mí,
porque, aunque fuera en la madurez de mi vida,
con indescriptible e íntimo gozo te acogí.

Aún me quedan muchos avatares por vivir
y tiempos más sombríos
seguro que han de venir.
Acompañado ya de tu celeste mano,
ante la misma muerte intentaré sonreír;
pues me iré con el deber cumplido
de todas las desdichas y humanas alegrías
con mi canto haberte ofrecido.

Gracias, amada poesía.
De todo tu amor
tengo el corazón henchido
y no me cabe ya más dicha
que la gloria de ¡sentirme por ti elegido!

EL TRISTE DIOS DEL OLVIDO

¿Quién aguarda paciente
tras el celeste resplandor de tus ojos
todavía adolescentes?

¿Quién, detrás de la ilusión de los amantes,
que entre susurros y eternas promesas
se arrullan temblorosos?

¿Quién espera tras la cuna, con lúgubre sonrisa,
a ese pequeño ángel que una madre ferviente
mece con cálida ternura?

Detrás del mártir
y del injusto.
Detrás del artista y su vanidad.
¿Quién, detrás del héroe
y sus hazañas,
del villano y sus crímenes?

¿Quién te espera a ti,
ingenua estirpe,
que con vano orgullo divina te creíste?

¿Quién espera callado y con siniestro gesto
que tu más alto anhelo y tus más bellas horas
se derrumben en el fango?

¿Quién aguarda escondido y con helada mirada
tras el hondo cielo y tus postreras lágrimas
sino tan solo el triste dios del olvido?

BUSCO UN LUGAR

Busco un lugar en los mapas
donde poder saciar todos mis sueños.
Un lugar alejado de toda esta turbulenta,
corrompida y sucia civilización,
cercada por millones de absurdas imágenes
que ofrecen mundos imposibles;
mundos que humillan al ser humano,
imágenes que desgarran mi verso.

Tan solo busco un lugar de apacibles colinas
donde poder compartir contigo
un tiempo bondadoso
y una dulce hora.

Donde fluya el arroyo impetuoso
de cristalinas aguas
y mis más humildes proyectos
se deslicen por su transparente corriente.

Un espacio donde el limpio viento,
no infectado por la espantosa urbe,
atraviese libre los húmedos prados
y vuelen con él mis más sublimes deseos.

Aunque esta tierra,
salvo en escasos y épicos momentos,
nunca fue amable con los poetas
y en vano sonó la lira.

Pero, a pesar de este mundo hostil
y de sus falsos profetas,
que, con un mando a distancia,
intentaron matar todos mis sueños...

A pesar de todos sus esfuerzos por esclavizarme,
¡no lo consiguieron!

Y sigo buscando por los mapas esa tibia región
que todas mis ansias amarán,
muy lejos de esta sociedad obscena y virtual.
Un lugar donde la pasión y la música,
la inocencia y el amor,
en dulce armonía con la naturaleza,
palpiten para siempre
bajo el celeste brillo de una nueva mañana.

EL OTRO

Ya sé de tus anhelos
por recobrar el pasado,
de tus deseos por volver a aquel ayer
que la bruma del tiempo no ha logrado borrar.
¡Oh, cuánto darías por volver a estar allí otra vez,
en aquellos dulces momentos,
cuando todo era delicioso asombro
y deslumbrante esplendor,
cuando ante cada mirada y cada sonrisa
todo tú te estremecías!

«Pero quién, quién me arrebató
la gloria de aquellas horas»,
piensas ahora desde tu lejana soledad
de tedio y colesterol
mientras tu corazón las añora y se conmueve.

¡Oh, cuánto darías por volver!
Por volver a recuperar aquel gladiolo blanco
que florecía sonriente
en tu niñez y adolescencia
y en tu pecho enamorado.

Pero tú ya no eres el mismo...,
desengáñate.
Y, si encontraras un día a aquel que fuiste,
no lo reconocerías,
pues nada te queda ya de aquel,
de aquel otro que nada entonces sabía
que aquellos gratos momentos,
que se le escapaban entre los dedos,
llorando,
     un día,
          otro por él recordaría.

¡AH, SI MI ALMA TUVIERA UNA BRÚJULA!

Insaciables y codiciosos deseos,
propósitos, quimeras,
destinos y sueños inalcanzables
se clavan en mi carne
como hirientes y venenosas flechas
mientras mi sangre arde.
Y, a la vez, un viento extraño
sacude mi alma
y la hace ir a la deriva
y, aunque jamás llega a naufragar,
me arrastra por el mundo
confuso y desorientado.

El horizonte entero se puebla de luces,
símbolos, presagios,
mientras que este misterioso aire
que azota mi vida, indecisa y frágil,
la envuelve y la llena
de incertidumbres y desconciertos.

Un hondo y antiguo desasosiego
hace que mi existencia se quede siempre en los vestíbulos,
a la entrada, en las puertas de todas las quimeras,
en el umbral de todos mis anhelos.
Nunca sé qué senda tomar
y me quedo esperando,
solo, en las lindes de todos mis deseos,
porque mi vida
hasta hoy es un enigma
que yo no sé resolver.

¡Ah, si mi alma tuviera una brújula!
«Si mi vida encontrara un norte», pienso,
mientras veo, a través de mi ventana,
caer vertical, dócil y alegre,
una indiferente y grata lluvia de abril.
Ella baja confiada, segura,
sabe que su norte es la tierra
y hacia ella va sin dudar,
a su destino, a fundirse con el barro y las plantas,
para, más tarde y en forma de nubes,
volver a brotar,
¡a nacer de nuevo!

¡Ah, si yo fuera como la lluvia!,
fiel y domesticado,
y el barro no me aterrorizara.
Pero mi espíritu, aunque temeroso y angustiado,
se rebela y no acepta su sino
y, como un ave
por el horizonte, se eleva,
buscando una brisa
por el inmenso azul
que hasta lejanos países me lleve.

Y, aunque yo lo ignore,
quizá mi corazón sepa que todas mis utopías
no morirán en el barro
ni en el cielo de ningún dios,
sino en una vasta región
que más allá de estos orbes existe.

¡Ah, si mi alma tuviera una brújula!

AGRIDULCE

Es amargo saber
que las mejores páginas de tu vida quedaron atrás
y que aquel mundo de rumores y deseos
ya no habitarás más.

Es hermoso saber
que, aunque ahora te fatigue el crepúsculo,
hubo un tiempo de brisa y gaviotas,
con días y cielos sonrientes.

Es amargo saber
que a aquel lugar donde estuviste con ella,
donde todo fueron besos y estrellas,
nunca podrás volver.

Es hermoso saber
que un día amaste y fuiste amado
y sentir que aún brota algo en tu pecho,
aunque solo sea musgo.

Amargo es a veces el sabor de la vida,
pero, a estas alturas, ya sabrás
que a veces también
¡fue tan hermoso!

Hacia el abismo

Pobre y desgraciado mortal,
qué triste es tu andadura sobre la tierra.
Qué gran derrota la de toda tu estirpe,
que ya avanza en retirada hacia el suicidio final.

Te aliaste con el odio
y trajiste la guerra, la esclavitud y la muerte
y, desde entonces, ante nuestra impasible presencia,
la sangre fluye y fluye sin cesar.

Miraste con desprecio a los otros, tus hermanos,
sin saber que más tarde o más pronto tú podrías ser el otro,
y tú y yo éramos todos,
y todos éramos tú, sí, tú.

A tus otros hermanos, los animales,
por inferiores los tomaste y con saña brutal
a su caza y exterminio te lanzaste,
y con una gula voraz y criminal a casi todos devoraste.

Innoble y despreciable hijo
de esta tierra, que te amamantó
y te dio la vida
para que tú después la escupieras.

Ansiabas solo el poder
y todo el orbe quisiste dominar,
mientras que aquí abajo, tu casa, los bosques y los mares
comenzaban ya a arder.

Estúpida y ciega prole mortal,
en tu largo vagar por el mundo,
qué poco aprendiste.
Devastada por mercaderes y verdugos,
esclavizada por un sistema
y subyugada por fanáticas creencias,
te hundes poco a poco
en esta ciénaga pestilente.

Desdichada y miserable progenie,
no solo tú misma te lastimaste,
agrediste la pura armonía de la naturaleza.
Mancillaste ríos y valles, arrasaste selvas y mares
y hasta el azul del cielo quisiste manchar
con tu ambición desenfrenada
y por ese vago afán que anida en tus entrañas.
¡Oh, humana estirpe, sola, cruel y desgraciada!

PORTADOR DE SOMBRAS

Eres el portador de un extraño cargamento.
Llevas en tus alforjas el fuego y el hielo,
el grito y la palabra,
una rara sustancia llamada *carne*
y un misterioso aliento
llamado *espíritu*.

Todo para ti es ajeno y asombroso,
lejano y fascinante.

Pero no sé si te habrás dado cuenta ya
de que nada de todo esto es tuyo,
nada te pertenece.
La llama te abrasa,
el hielo te quema
y la palabra te aterra.

Solo eres propietario del miedo
y nadie más que el polvo te espera.

Eres un portador de sombras
acompañado por una comitiva de fantasmas,
que, bajo la cegadora luz del día,
deambula sin rumbo
y en medio del caos
hacia un incógnito destino.

Sí, un destino sobrecogedor y enigmático
te aguarda paciente, y tú lo sabes.

Solo eres un testigo inútil
de tu efímera existencia
que nunca podrá testificar nada,
porque, antes de que salgas de aquí,
te taparán la boca y te cerrarán los ojos
para que no puedas contar lo que aquí viste.

Pero, a pesar de todo esto,
sigues arrastrando el equipaje,
aun sabiendo que todo lo que transportas
es de otro.
¡Arre burro!
¡Arre!

Todo transcurre muy deprisa

Una vuelta, y otra, y otra…
Como un extraño tiovivo,
gira la vida en torno tuyo.

Un día, y otro, y otro…
Con una implacable puntualidad,
se van precipitando los días del calendario.

Todo, todo transcurre muy deprisa a tu alrededor.

Por tu sangre corre desbocada la vida,
cargada de melodías, presagios, cielos
y también de hastíos, sombras y dolor.

Veloz pasa la dicha, la nostalgia y el amor,
y hasta los recuerdos pasan volando
como flechas por tu corazón.

Todo, todo transcurre muy deprisa a tu alrededor.

Hasta que un día, un día cualquiera,
en el álbum con los retratos de tu vida,
alguien pondrá el dedo sobre tu fotografía

y dirá: «Este era…».

EL DESEO

Morbosamente puro,
el deseo acecha salvaje
y feroz como un lobo,
aúlla desde lo más recóndito
de nuestras entrañas.

Por lo más hondo de nuestro ser,
vemos aparecer sus fauces
y, sobre nuestra piel,
palpitante, rendida,
hinca sus voraces colmillos.

Morbosamente puro,
el deseo, como una fiera hambrienta,
se relame en nuestra sangre
y desgarra sin piedad hasta
nuestros más elegantes principios.

Sobre un mar de sábanas azules,
en noches voluptuosas y de desvelo,
el deseo, terco, audaz y desvergonzado,
con palabras y gestos inconfesables,
se retuerce, nos arrastra, nos devora.

Es tan corta la dicha

Es tan corta la dicha.

Es tan pequeña la llama de nuestra memoria.
Tan fugitiva la brisa
que por solo unos instantes
acaricia nuestro corazón.

Esa mirada que lanzas al horizonte
en busca de un sueño.
Esa lágrima de cristalino gozo
que cae con suavidad en lo más hondo del alma.

Bajo un cielo indiferente,
van pasando los días, los «te quiero», los recuerdos,
como gaviotas volando.

Ajeno y fugaz,
presuroso pasa el tiempo ante nosotros.
Es tan corta las dicha…

¡Pero es tan grande el deseo!

¡VIVE!

Aspira hasta lo más hondo de tu pecho
la hermosa y ciega locura de la existencia.

Deja que ruja el deseo.
Haz que deliren los días
como dementes fuera del calendario
y que cruja la vida a tu alrededor.

Arrójate a los brazos de un amor de fuego.
Abrásate en el delirio sudoroso de otro cuerpo.
Apura la luz hasta la última gota
y vuela con el viento embriagador de los sueños.

No malgastes el tiempo
buscando las palabras que descifran el mundo
ni busques en la poesía claridades.
Ah, y por lo que más quieras,
no hurgues en tu memoria,
no escarbes en tus recuerdos.

Aspira hasta lo más hondo de tu pecho
la hermosa y ciega locura de la vida.
Y date prisa, date mucha prisa
porque ya la noche se avecina.

PREGUNTAS LANZADAS AL VIENTO

¿A qué mar irá mi sangre hirviente a desembocar?
Mis sueños, mis ansias,
¿qué cielos habitarán?
Todo este delirio loco de inmortalidad,
este ímpetu feroz de vida
que cabalga desenfrenado por mis venas,
este afán salvaje de eternidad
que ruge y aúlla desde lo más profundo de mí...
¿A qué misteriosa comarca me transportará?
¿Hacia qué inciertas y remotas lejanías me llevará?
Hacia la tenebrosa región del olvido
o hasta ese gran país,
donde la memoria es eterna
y brilla siempre una luz infinita.

La insaciable Nostalgia

Como una hiena,
sigilosa y hambrienta,
camina tras nosotros
la Nostalgia.

Con la carne aún fresca
del recuerdo de todo aquello
que perdimos.
Los días rotos del pasado.
Trozos de felicidad que, sin querer,
se nos fueron cayendo por el camino.
Aquellas gratas horas
que volaron de nuestro pecho.

De todo ello se alimenta
la hiena de la Nostalgia,
que, mordisco a mordisco,
va royendo nuestra alma.

¡Sigamos echándole carnaza!

La actuación

Esta gran obra de teatro universal,
prodigiosa y excepcional,
a la que asistimos desde la incredulidad de nuestras butacas,
va a durar poco, te advierto...
Solo tiene un acto
y tú eres a la vez público y protagonista,
espectador y actor.
Deja ya esa mirada atónita,
sube al escenario y actúa.
No hay guion ni director,
ni tan siquiera un apuntador,
pero no te acobardes, improvisa;
crea tu propio personaje.
Dale vida a tu sueño
y ¡actúa, actúa!
¡Vive!
¡Sueña!
Tal vez, así logres descubrir el guion
de esta inexplicable e intrigante obra
antes de que echen el telón.

Rumbo al naufragio

Todos los caminos nos llevan al fracaso.
Todos los rumbos nos conducen al naufragio.
Da igual el sendero que tomemos,
pues todos van hacia el ocaso.
Quizá la única victoria,
el desolador triunfo que obtengamos,
sea saberlo.
La terrible certidumbre de conocer el final,
esa es nuestra épica y estéril conquista.

LA GRAN FINAL

PRIMERA PARTE

Un árbitro invisible
ha dado comienzo al partido.
Aunque desde las gradas
oigas algún grito de aliento,
no creas que estás en tu terreno;
juegas en campo contrario.
Al principio creerás que hay alguna esperanza,
alguna opción al triunfo.
Pero, a medida que avance el partido,
te percatarás de que la suerte ya está echada.
Jugabas con la camiseta
y el equipo de los perdedores.

SEGUNDA PARTE

Algún espectador te sigue animando
y tú, que ya conoces el final,
sonríes con amargura para tus adentros,
blasfemas, escupes y maldices,
pero todo ya da igual.
De sobra sabes que en este encuentro no habrá prórroga
ni segundo partido.
Tu juego se va volviendo más desesperado
hasta que, de pronto,
una angustiosa duda te asalta:
si tú vas a ser derrotado,
¿quién será el gran vencedor?

El tiempo

Vientos dulces y cálidos,
acompañados por un tibio sol,
soplaron alegres ayer
sobre el sur de mi corazón.

En aquel suave y delicioso tiempo,
caminé confiado y sin abrigo
en pos de adolescentes sonrisas
y tras jóvenes y enamoradas miradas.

Por todo el sur de mi corazón,
mis labios probaron
y se deleitaron
con la fresca fruta de ardorosa piel.

Ah, qué apacible el viento en aquellos tiempos
cuando por los risueños campos corrían veloces las horas
y todos los gozos eran posibles allí,
en el sur de mi corazón.

Por el oeste surgía el grato céfiro
y, acariciado por esa sosegada brisa,
con la sangre ya más serena, tomé
las caricias y los besos en sazón.

Por el norte, con sigilo,
con un temporal de tristezas
y colmado de negros nubarrones,
lentamente se acerca el aquilón.

Tormentas de amargura,
acompañadas por desoladas lluvias
y afligidos y fríos vientos,
se abatirán sobre mi corazón.

Sé que en la región donde mis pasos me llevan
las temperaturas descenderán
y la inclemente escarcha cubrirá mis deseadas proezas,
... esas que nunca conseguí.

Habrá que comenzar a arroparse, pero, decidme:
¿cómo se abriga un corazón?
Yo, que siempre anduve con el alma
en mangas de camisa.

Tan solo una certeza

¿De qué árbol soy hoja?
¿De qué aurora, rocío?
¿De qué mañana, canto?

¿A qué mundo pertenece mi alma?
¿A qué horizonte, mi mirada?
¿A qué inaudito poema, mi verso?

¿De qué mar soy yo gaviota?
¿De qué cielo soy nube?
¿De qué sueño soy ansia?

¿A qué oculto lugar me retiraré solo, a llorar?
¿A qué corazón irá mi recuerdo a conmover?
¿A qué viento echarán todos mis restos a volar?

Todas estas son preguntas
que yo no puedo ahora responder.
Tan solo una certeza osaría declarar:

Soy un eco extraño
de una música vaga y misteriosa
que se oye allá en la lejanía de algún insospechado lugar.

RUMBOS VAGOS

Sé que circulo por la vida en
dirección contraria,
pero no equivocada.

Sé que vago por el mundo
a través de un misterioso sendero,
increíble para otros, pero tan real para mí.

Sé que navego contra la corriente, río arriba,
acompañado solo por mis versos,
los que ya se desvelaron y los que imagino.
Con las velas hinchadas por irracionales sueños,
animado por fantásticas utopías
y guiado por una extraña sinrazón.

¿Hasta dónde podría llegar
con el buen juicio y el sentido común
cuando la vida solo es una fugaz ilusión,
un instante de locura,
una débil llamarada
provocada por la chispa de un frágil corazón?

No vivo por lo que ven mis ojos,
sino por lo que mi pecho siente.

No me guía la prudencia ni la cordura.
No voy buscando las respuestas,
que más tarde solas vendrán.
Yo busco las preguntas, todas las preguntas.
Quiero ir hasta el origen,
hasta el fondo de mí mismo,
hasta abrir las últimas puertas
de los umbrales de mi ser y
asomarme por los recónditos
horizontes de mi alma.

Sé que soy un enigma
hecho de un barro extraño,
que camina como un fantasma loco y ciego
por entre rumbos vagos, confusos y desconocidos.

¿POR QUÉ ESCRIBO?

Ignoro la causa que me anima a escribir.
¿Por desesperación, quizá? ¿Desesperación
por volver a recuperar aquellos cielos de verano
que de niño contemplé y ya de adulto perdí?

¿Por rescatar aquellos ojos
que centellearon en los míos?
¿Por aquella caricia?
¿Por aquel beso?

Desconozco la razón
por la que los versos vienen a mí.
Pero ¿y si fuera una huida?
Y, si así fuera, ¿de qué huyo?

¿De una vida mortalmente planificada?
¿De un pardo y previsible horizonte?
¿De repetir hasta la náusea
los mismos gestos, los saludos, los besos?

Pero, pensándolo mejor,
qué más da cuál fuera la causa.
La tinta de mi insatisfecha sangre
sigue regando los mundos de estos campos de papel.

¡QUÉ GRAN DESENGAÑO EL HOMBRE!

¡Qué gran desengaño el hombre!
Cuánta esperanza puso en ti el universo
y con qué admiración el cielo te contemplaba
mientras, mirando al infinito, construías tu primer verso.

Poco a poco, el nombre de las flores y los árboles olvidaste
y con ningún perfume ni trino te obsequia ya la mañana.
Con cálidos romances al atardecer ya de soñar dejaste
y solo una hedionda bruma penetra por tu ventana.

Regido hoy por extraños planetas de vanidad,
corrompido por el confort y la avaricia,
huyes aterrado ante cualquier humilde y desnuda verdad
que amenace tu frívolo mundo de mentiras y codicia.

¡Qué gran desengaño el hombre!
Pensar con qué júbilo celebró la tierra tu aparición;
ríos, plantas, océanos y animales, frágiles vidas
que nada entonces sabían de tu crueldad y ambición.

Evolución, Progreso, Civilización,
palabras vacías y de inalcanzables destinos
tras los cuales se oculta tu feroz instinto de opresión.
Bellas coartadas para maquillar a tantos asesinos…

Solo tras el mercado, la especulación o el beneficio,
es cuando se descubre tu faz criminal
y ya todo lo conviertes en rencor y suplicio,
en humillante desigualdad, en ignominia y mal.

Los mártires que tu especie ofreció
en mohosas enciclopedias yacen olvidados,
en la corteza de su corazón su llama no prendió;
baldíos ejemplos que por tu estirpe fueron sacrificados.

¡Qué gran fracaso el hombre!
Sembrar toda la tierra de injusticia, odio y terror
por un veneno metálico que fluía por tus entrañas
cuando tus labios ya sabían de la dulzura y el amor.

Ya solo tienes una digna salida
para poner fin a esta burda patraña:
coge un arma, apunta con certeza a tu corazón
y no lo dudes, ¡dispara!

La vulgaridad
y el prodigio de un mamífero

Muy alto vuelan mis deseos,
las ansias, las pasiones,
y en lejanas regiones
han puesto su mirada
mis más ferviente ideales
y los anhelos más hondos.

Más allá de estos ámbitos,
los ojos de mi alma
se imaginan otros horizontes
y vagan por nuevas y dulces atmósferas,
entre canciones nunca oídas
y versos jamás escuchados.

Pero la vulgaridad de ser hombre
me detiene y me paraliza
con sus cotidianos y vanos problemas.
Mis pensamientos y escritos
se encharcan en el fango
de una zafia y burda realidad.

La amarga y tosca historia de la humanidad,
arrastrándose siempre entre tinieblas
y guiada eternamente
por la codicia de unos insensatos,
que no se detendrán hasta llegar al abismo
o devolvernos a la primitiva caverna.

La desgraciada y sombría
epopeya del hombre,
que sobre una tierra firme y dadivosa
no supo mantenerse en pie;
arrodillada ante un altar
o humillada ante un amo.

¡Levántate, atemorizada y desventurada estirpe!
Sal de los templos y deja en paz a los dioses,
pues nunca por ti se conmovieron.
Aléjate del corrompido lupanar de Occidente
y de su oxidada maquinaria de avaricia.
¡Explora otros espacios, otra forma de convivir existe!

Después…,
a la caída del sol,
cuando sus tenues rayos
amarilleen sobre las ruinas
del último imperio destruido
y junto a las piedras inmóviles
broten las alegres margaritas,
la flauta de Pan volverá a sonar
con la misma dulzura de antaño
y jubilosas ninfas
danzarán emocionadas
tras sus mágicos acentos.

Entonces...,
la vulgaridad de ser hombre
nunca más afligirá mi corazón.
Mis palabras, mis sentimientos,
no mancillarán la casta hoja de papel.
Mis pensamientos habitarán de nuevo
esos vastos países donde la realidad
busca la caricia del deseo
y donde el prodigio de ser hombre
hallará al fin su más dichoso destino.

ÍNDICE